Joachim Ringelnatz

War einmal ein Bumerang

Gereimtes und Ungereimtes
illustriert
von Barbara Schumann

Altberliner Verlag

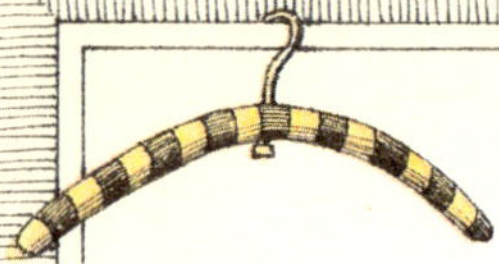

Bumerang

War einmal ein Bumerang,
war ein weniges zu lang.
Bumerang flog ein Stück,
aber kam nicht mehr zurück.
Publikum – noch stundenlang –
wartete auf Bumerang.

1. Rang

Das Krokodil

Es war ein faules Krokodil,
das lag zwei Monate ganz still.
Dann schlief es sieben Jahre ein,
und schließlich schien es tot zu sein.

Das Nilpferd und der Elefant

»Ruhe ist viel wert«,
sagte das Nilpferd
und setzte sich auf was Weiches.
Der Elefant tat ein Gleiches.

Ein männlicher Briefmark

Ein männlicher Briefmark erlebte
was Schönes, bevor er klebte.
Er war von einer Prinzessin beleckt.
Da war die Liebe in ihm erweckt.

Er wollte sie wiederküssen,
da hat er verreisen müssen.
So liebte er sie vergebens.
Das ist die Tragik des Lebens!

Die Ameisen

In Hamburg lebten zwei Ameisen,
die wollten nach Australien reisen.
Bei Altona auf der Chaussee,
da taten ihnen die Beine weh,
und da verzichteten sie weise
dann auf den letzten Teil der Reise.

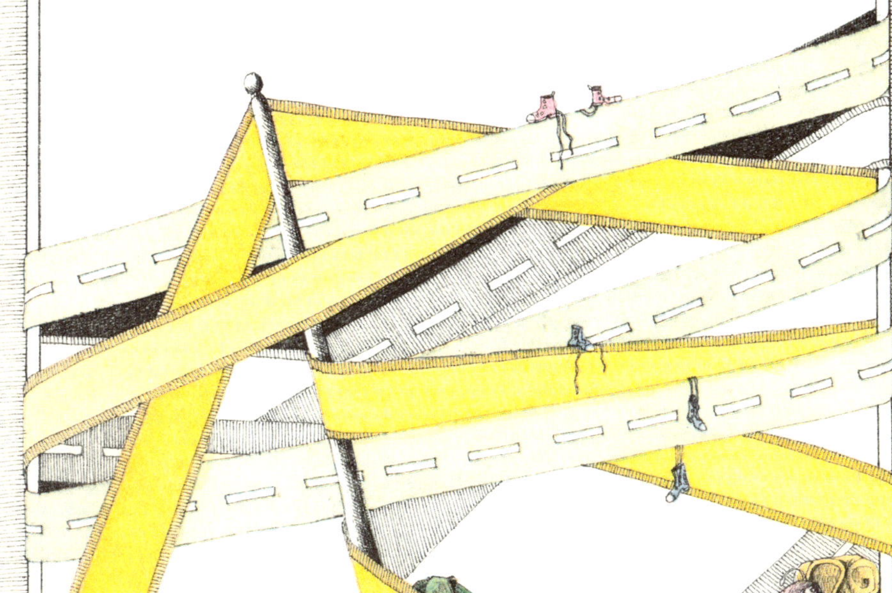

Hustenbonbons

Es war einmal ein schlimmer Husten,
der hörte gar nicht auf zu pusten.
Zwar kroch er hinter eine Hand,
was jedermann manierlich fand.
Und doch hat ihn der Doktor Lieben
mit Liebens Malzbonbon vertrieben.

Der Kehlkopf

Ein Kehlkopf litt an Migräne
und schrie wie eine Hyäne,
er schrie sich wund.
Doch als ihm niemand zu Hilfe kam
und niemand sein Geschrei vernahm,
war er auf einmal – – – gesund.

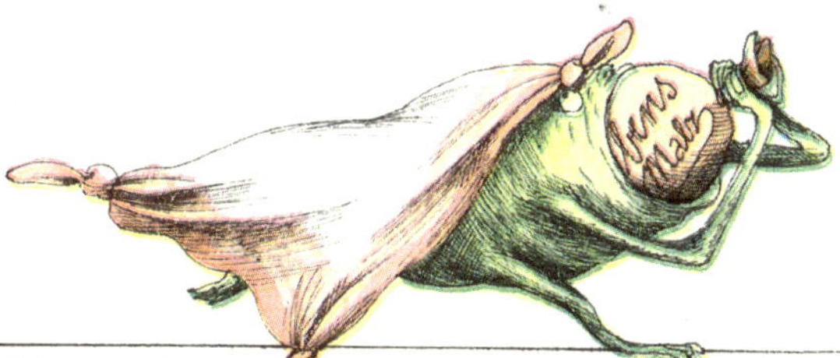

Heimatlose

Ich bin fast
gestorben vor Schreck:
In dem Haus, wo ich zu Gast
war, im Versteck,
bewegte sich,
regte sich
plötzlich hinter einem Brett
in einem Kasten neben dem Klosett,
ohne Beinchen,
stumm, fremd und nett
ein Meerschweinchen.
Sah mich bang an,
sah mich lange an,
sann wohl hin und sann wohl her,
wagte sich
dann heran
und fragte mich:
»Wo ist das Meer?«

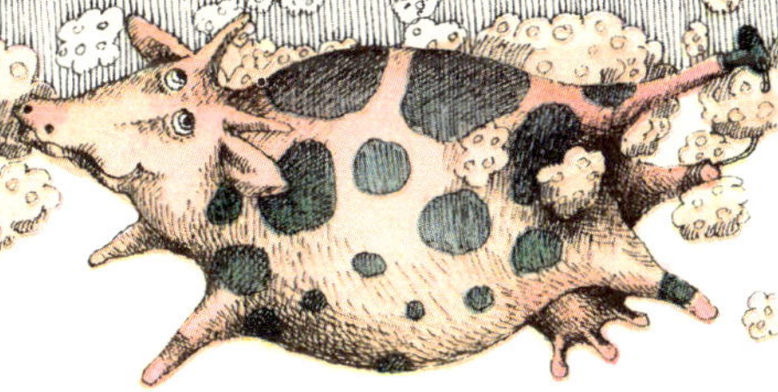

Das Lied von der Hochseekuh

Zwölf Tonnen wiegt die Hochseekuh.
Sie lebt am Meeresgrunde.
Ohei! – – Uha!
Sie ist so dumm wie ich und du
und läuft zehn Knoten in der Stunde.
Ohei. – – Uha!

Sie taucht auch manchmal aus dem Meer
und wedelt mit dem Schweife.
Ohei! – – Uha!
Und dann bedeckt sich ringsumher
das Meer mit Schaum und Seife.
Ohei! – – Uha!

Die Kuh hat einen Sonnenstich
und riecht nach Zimt und Nelken.
Ohei! – – Uha!
Und unter Wasser kann sie sich
mit ihren Hufen melken.
Ohei! – – Uha!

Unter Wasser Bläschen machen

Kinder, ein Rätsel! Hört mich an!
Wer es herausbekommt, kriegt Geld! – Wie kann
man unter Wasser Bläschen machen?
Das müßt ihr versuchen – unbedingt! –
in der Badewanne. Und wenn es gelingt,
werdet ihr lachen.

Logik

Die Nacht war kalt und sternenklar,
da trieb im Meer bei Norderney
ein Suahelischnurrbarthaar. –
Die nächste Schiffsuhr wies auf drei.

Mir scheint da mancherlei nicht klar,
man fragt doch, wenn man Logik hat,
was sucht ein Suahelihaar
denn nachts um drei am Kattegat?

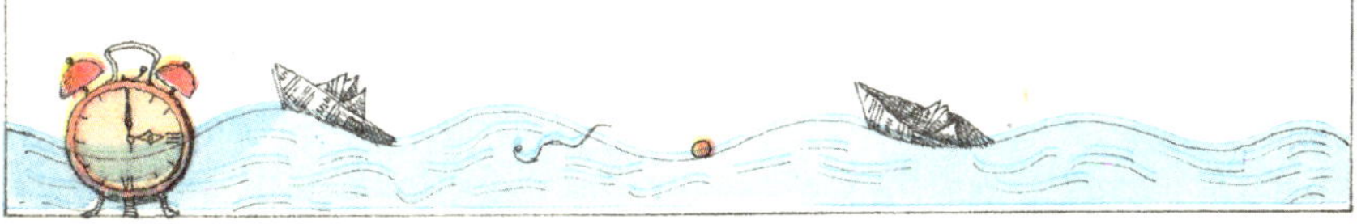

Miserabel

Es lebte an diskretem Orte
ein Stückchen Seife bester Sorte
in einem Porzellanbehälter.
Das ward mit jedem Tage älter.
Und warb mit Moschusochsendunst
um Menschenliebe, Menschengunst.
Einstmals – das wann und wie ist schnuppe –
geriet es in die Erbsensuppe.
Der Mensch benahm sich miserabel.
Er stach die Seife mit der Gabel,
beroch sie roh und rief: »Pfui, Spinne!«
Da schwanden ihr vor Angst die Sinne.

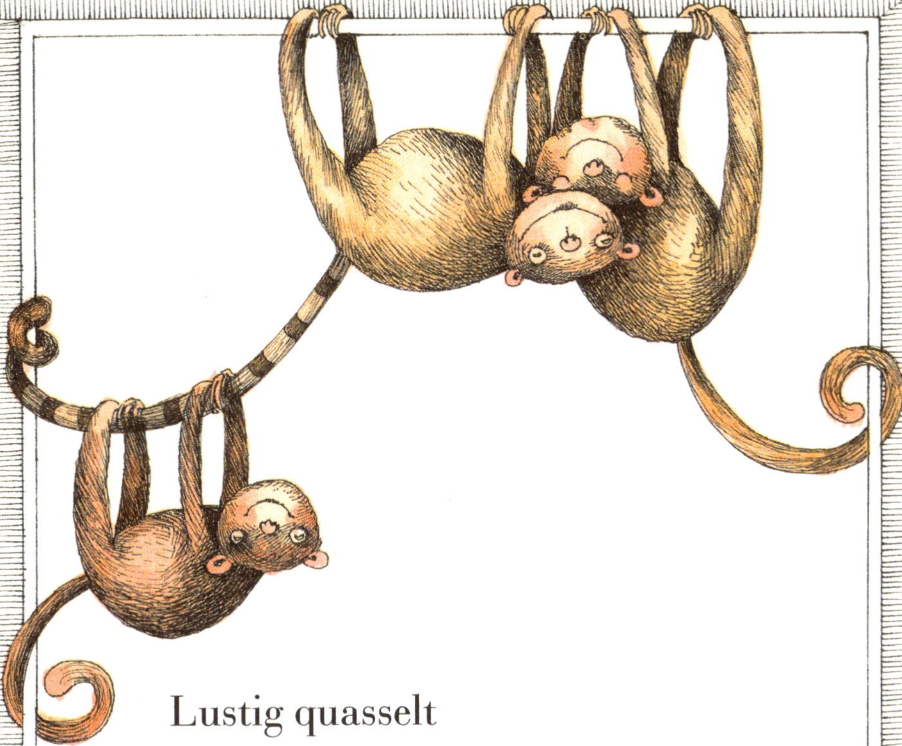

Lustig quasselt

Lustig quasselt der seichte Bach.
Scheinchen scheppern darüber flach.
Stumm gegen die Wellchen steht ein Stein,
sieht – wie mir scheint –
ernst aus und verweint.

Denn es macht traurig, unbequem zu sein.

Übergewicht

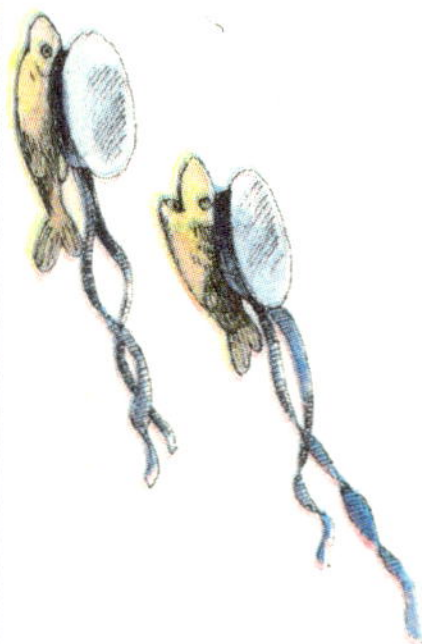

Es stand nach einem Schiffsuntergange
eine Briefwaage auf dem Meeresgrund.
Ein Walfisch betrachtete sie bange,
beroch sie dann lange,
hielt sie für ungesund,
ließ alle Achtung und Luft aus dem Leibe,
senkte sich auf die Wiegescheibe
und sah – nach unten schielend – verwundert:
Die Waage zeigte über hundert.

Der Unterschied

Es war eine gelbe Zitrone,
die lag unter einer Kanone,
und deshalb bildete sie sich ein,
eine Kanonenkugel zu sein.
Der Kanonier im ersten Glied,
der merkte aber den Unterschied.

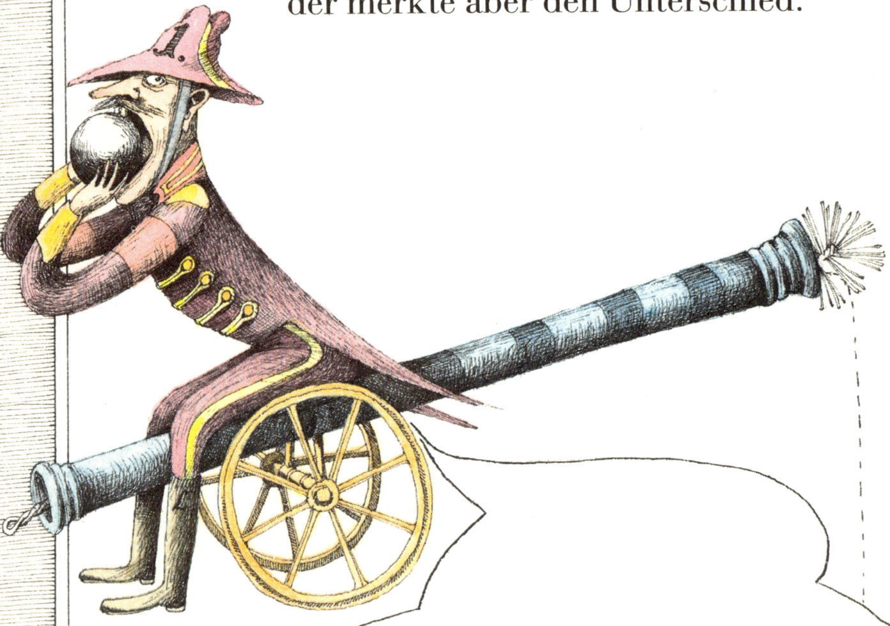

Bemerkt sei noch zu diesem Lied,
ein Unterschied ist kein Oberschied.

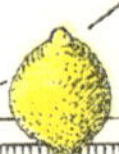

Im Park

Ein ganz kleines Reh stand am ganz kleinen Baum
still und verklärt wie im Traum.
Das war des Nachts elf Uhr zwei.
Und dann kam ich um vier
morgens wieder vorbei,
und da träumte noch immer das Tier.
Nun schlich ich mich leise – ich atmete kaum –
gegen den Wind an den Baum
und gab dem Reh einen ganz kleinen Stips.
Und da war es aus Gips.

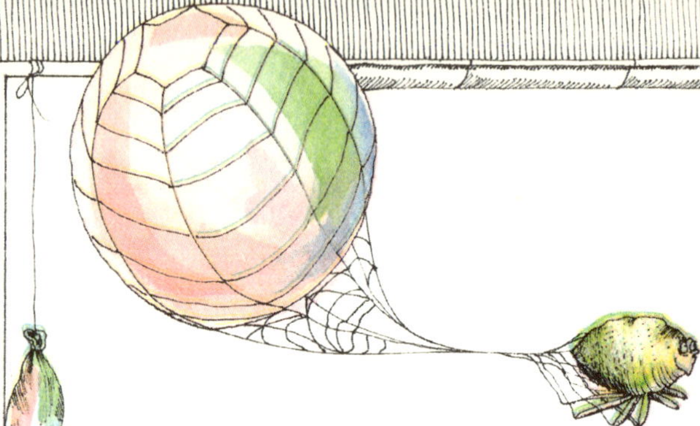

Die Seifenblase

Es schwebte eine Seifenblase
aus dem Fenster auf die Straße.

»Ach, nimm mich mit dir«, bat die Spinne
und sprang von einer Regenrinne.

Und weil die Spinne gar nicht schwer,
fuhr sie im Luftschiff übers Meer.

Da nahte eine böse Mücke,
sie stach ins Luftschiff voller Tücke.

Die Spinne mit dem Luftschiff sank
ins kalte Wasser und ertrank.

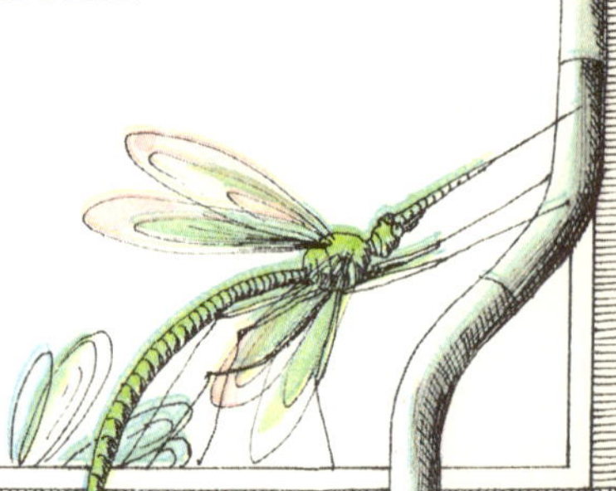

Die Schnupftabakdose

Es war eine Schnupftabakdose,
die hatte Friedrich der Große
sich selbst geschnitzelt aus Nußbaumholz.
Und darauf war sie natürlich stolz.

Da kam ein Holzwurm gekrochen.
Der hatte Nußbaum gerochen.
Die Dose erzählte ihm lang und breit
von Friedrich dem Großen und seiner Zeit.

Sie nannte den alten Fritz generös.
Da aber wurde der Holzwurm nervös
und sagte, indem er zu bohren begann:
»Was geht mich Friedrich der Große an!«

Abzählreime

Bülow, Nolle, Witte, Zoo,
auf dem Dache sitzt ein Floh,
der sich nicht zu helfen wo.

Konikoki Kakadu,
Rose auf und Rose zu.
Ferkel Ei und Ferkel zwei.
Wer nicht fehlt, ist nicht dabei.

Stachus, Kios, Kaos, Kies,
Spinne, Speise, Scheiße, schieß.
Sexu, Elefant, Asie,
Fische haben nie kein Knie.

Ritze Rotze Ringelratz,
zwei Miezeschwein, ein Grunzekatz.
Mein Großpapa heißt Lali,
der wird des Nachts ganz lila.

Das Samenkorn

Ein Samenkorn lag auf dem Rücken,
die Amsel wollte es zerpicken.

Aus Mitleid hat sie es verschont
und wurde dafür reich belohnt.

Das Korn, das auf der Erde lag,
das wuchs und wuchs von Tag zu Tag.

Jetzt wird es schon ein hoher Baum
und trägt ein Nest aus weichem Flaum.

Die Amsel hat das Nest erbaut,
dort sitzt sie nun und zwitschert laut.

Kinderreime

Kleine Lügen und auch kleine
Kinder haben kurze Beine.

Das ABC ist äußerst wichtig,
im Telefonbuch steht es richtig.

Der Klapperstorch hat krumme Beine.
Die Kinder werfen ihn mit Steine.
Aber Kinder bringt er keine.

Der Spanier lebt in fernen Zonen
für die, die weitab davon wohnen.

Und der Osterhase legt
(bald sehr eitel, bald bewegt)
Rührei oder Spiegelei.
Schauerlich stöhnt er dabei.

Die Feder

Ein Federchen flog über Land,
ein Nilpferd schlummerte im Sand.

Die Feder sprach: »Ich will es wecken.«
Sie liebte, andere zu necken.

Aufs Nilpferd setzte sich die Feder
und streichelte sein dickes Leder.

Das Nilpferd öffnete den Rachen
und mußte ungeheuer lachen.

Der Globus

»Wo sitzt«, so frug der Globus leise
und naseweise die weise, weiße,
unübersehbar weite Wand,
»wo sitzt bei uns wohl der Verstand?«

Die Wand besann sich eine Weile,
sprach dann: »Bei dir – im Hinterteile!«

Nun dreht seitdem der Globus leise
sich um und um herum im Kreise –
als wie am Bratenspieß ein Huhn,
und wie auch wir das schließlich tun,
dreht stetig sich und sucht derweil
sein Hinterteil, sein Hinterteil.

Zwei bis drei Sterne

Nun sieh mal an! Ei, ei!
Am Himmel stehn drei Sterne.
Vor kurzem standen da nur zwei.
Nun wüßt ich gar zu gerne
was Näheres über die Ferne.
Denn etwas stimmt mir nicht dabei.

Wer hört ein Stäubchen lachen?

Stäubchen stob durch die Stube.
Dort saß ein kleiner Bube
(der Stäubchen wie ein Riese erschien)
vor einem Stadtplan von Berlin.

Stäubchen lachte: »Berlin ist klein!«
Drang in Bübchens Nase hinein
und ließ sich von dem Riesen
wieder ins Weltall niesen.

Es lohnt sich doch

Es lohnt sich doch, ein wenig lieb zu sein
und alles auf das Einfachste zu schrauben,
und es ist gar nicht Großmut, zu verzeihn,
daß andere ganz anders als wir glauben.

Und stimmte es, daß Leidenschaft Natur
bedeutete im guten und im bösen,
ist doch ein Knoten in dem Schuhband nur
mit Ruhe und mit Liebe aufzulösen.

Großer Vogel
1933

Die Nachtigall ward eingefangen,
sang nimmer zwischen Käfigstangen.
Man drohte, kitzelte und lockte.
Gall sang nicht. Bis man die Verstockte
in tiefsten Keller ohne Licht
einsperrte. – Unbelauscht, allein
dort, ohne Angst vor Widerhall,
sang sie
nicht – –,
starb ganz klein
als Nachtigall.

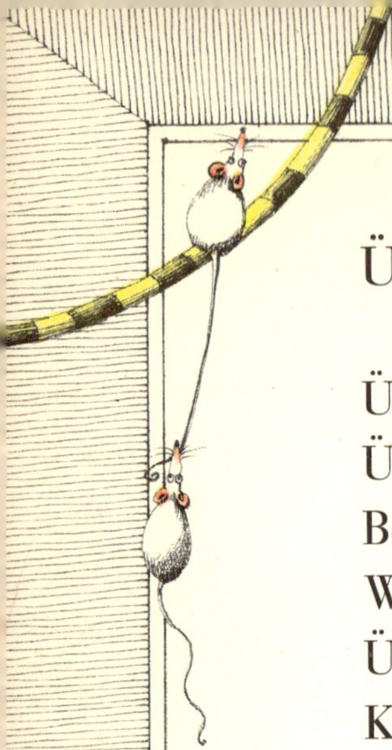

Überall

Überall ist Wunderland.
Überall ist Leben.
Bei meiner Tante im Strumpfenband.
Wie irgendwo daneben.
Überall ist Dunkelheit.
Kinder werden Väter.
Fünf Minuten später
stirbt sich was für einige Zeit.
Überall ist Ewigkeit.

Wenn du einen Schneck behauchst,
schrumpft er ins Gehäuse,
wenn du ihn in Kognak tauchst,
sieht er weiße Mäuse.

2. Auflage 1990
Lizenznummer 369-110/64/90

Herstellung: Druckerei Phönix, Berlin
785 650 0 00430

ISBN 3-357-00034-2